Impressum
Verlag: BABADADA GmbH, Nedderfeld 112 , 22529 Hamburg
Geschäftsführer / Verlagsleitung: Harald Hof
Druck: Books on Demand GmbH, In de Tarpen 42, 22848 Norderstedt

Imprint
Publisher: BABADADA GmbH, Nedderfeld 112 , 22529 Hamburg, Germany
Managing Director / Publishing direction: Harald Hof
Print: Books on Demand GmbH, In de Tarpen 42, 22848 Norderstedt, Germany

shkolla

xue xiao

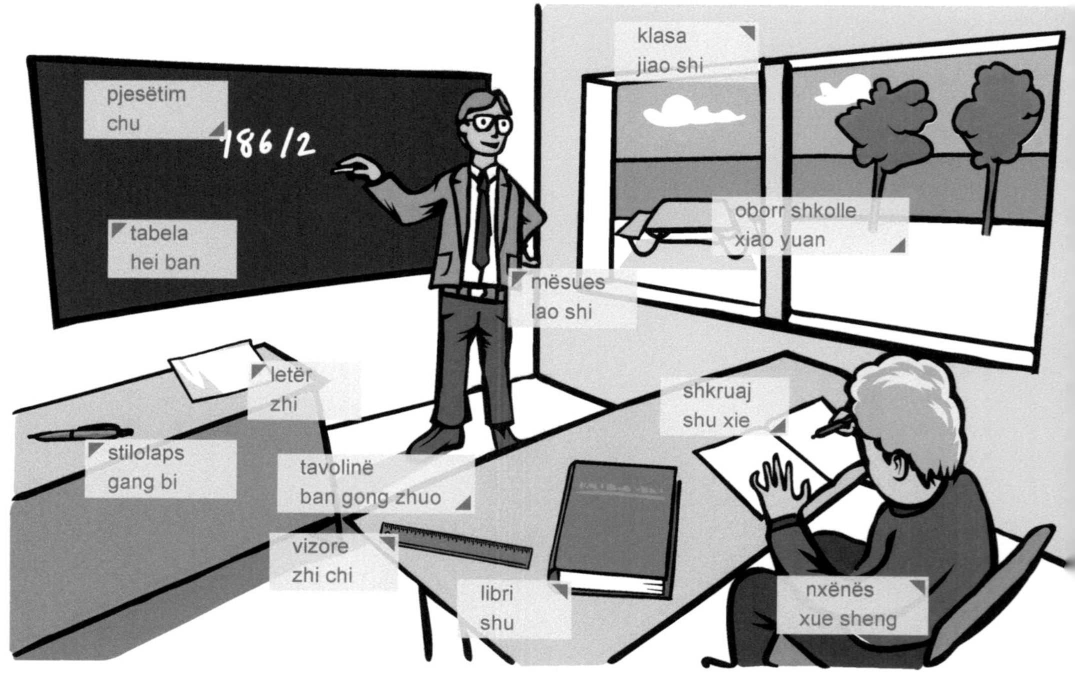

klasa
jiao shi
pjesëtim
chu
186/2
tabela
hei ban
oborr shkolle
xiao yuan
mësues
lao shi
letër
zhi
shkruaj
shu xie
stilolaps
gang bi
tavolinë
ban gong zhuo
vizore
zhi chi
libri
shu
nxënës
xue sheng

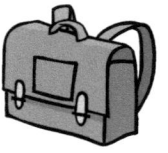

çantë

shu bao

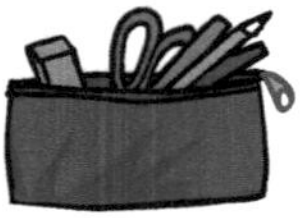

mbajtëse lapsash

qian bi he

laps

qian bi

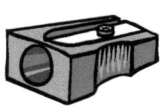

mprehës lapsash

juan bi dao

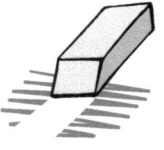

gomë

xiang pi ca

fletore vizatimi

hua ban

vizatim

tu hua

penel

hua bi

kuti bojërash

yan liao he

gërshërë

jian dao

ngjitës

jiao shui

fletore detyrash

lian xi ce

detyrë shtëpie

jia ting zuo ye

12

numër

shu zi

2+2

mbledh

jia

5-2

zbres

jian

2×2

shumëzoj

cheng

llogaris

ji suan

A

gërmë

zi mu

ABCDEFG HIJKLMN OPQRSTU VWXYZ

alfabeti

zi mu biao

hello

fjalë

zi

tekst

ke wen

lexoj

du

shkumës

fen bi

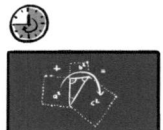

mësim

shang ke

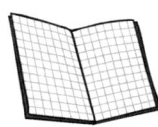

regjistër

deng ji

provim

kao shi

çertifikatë

zheng shu

uniformë shkolle

xiao fu

arsimim

jiao yu

enciklopedia

bai ke quan shu

universitet

da xue

mikroskop

xian wei jing

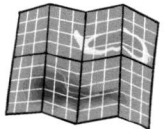

hartë

di tu

kosh letrash

fei zhi kuang

udhëtim
lü xing

hotel
jiu dian
bujtinë
qing nian lü xing she
pikë këmbimi valutor
wai bi dui huan chu
valixhe
shou ti xiang
makinë
qi che

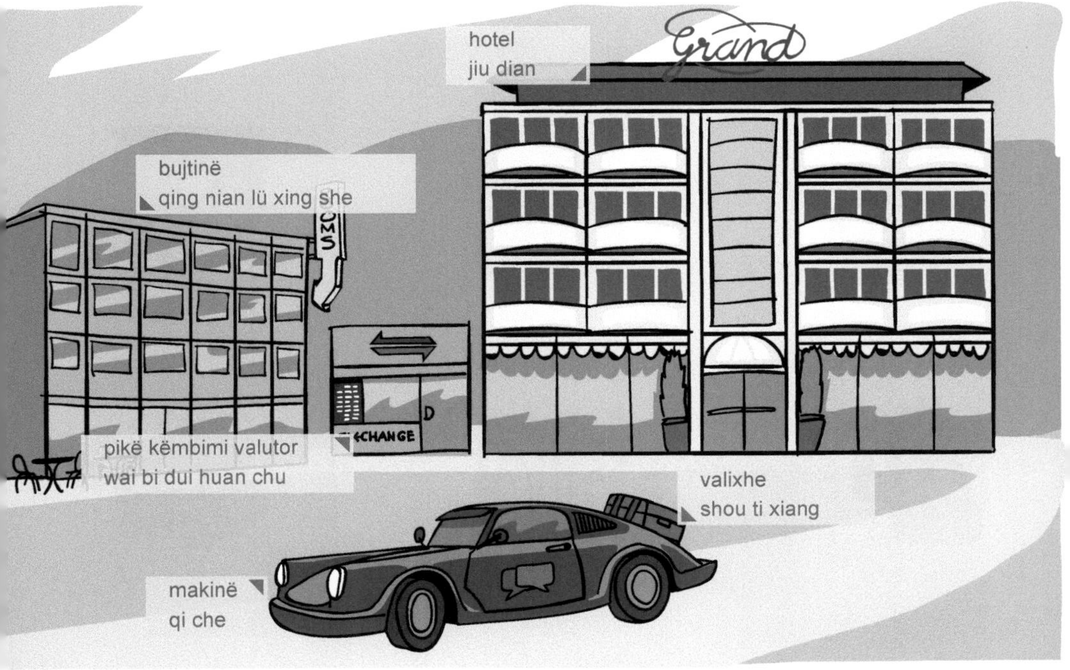

gjuhë
yu yan

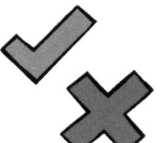

po / jo
shi/fou

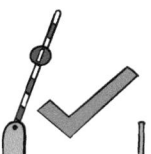

Në rregull
hao de

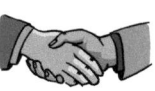

ç'kemi
nin hao

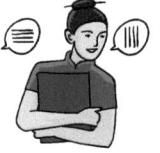

përkthyes
fan yi yuan

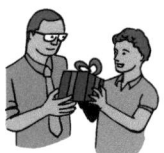

Faleminderit
xie xie

sa kushton...?

......duo shao qian?

nuk e kuptoj

wo bu ming bai

problem

wen ti

Mirëmbrëma!

wan shang hao!

Mirëmëngjes!

zao shang hao!

Natën e mirë!

wan an!

mirupafshim

zai jian

drejtim

fang xiang

bagazhet

xing li

çantë

bao

çantë shpine

shuang jian bao

mysafir

ke ren

dhomë

fang jian

thes gjumi

shui dai

tendë

zhang peng

informacion për turistët

lü you xin xi

plazh

hai tan

kartë krediti

xin yong ka

mëngjes

zao can

drekë

wu can

darkë

wan can

Biletë

piao

ashensor

dian ti

pulla

you piao

kufi

bian jie

doganë

hai guan

ambasadë

da shi guan

vizë

qian zheng

pasaportë

hu zhao

transport
jiao tong yun shu

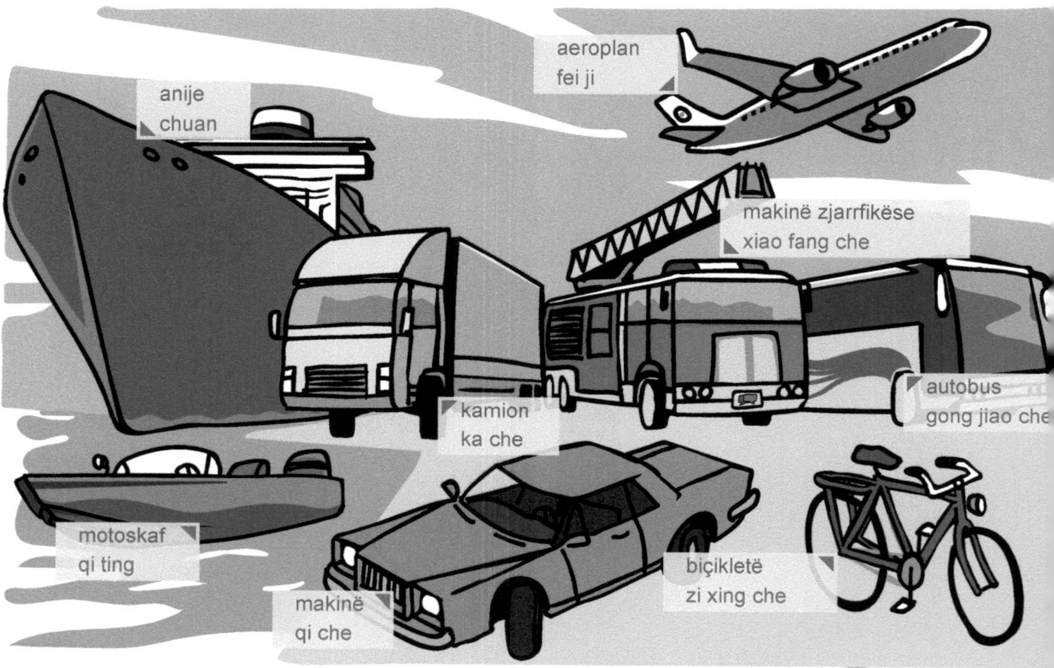

aeroplan
fei ji
anije
chuan
makinë zjarrfikëse
xiao fang che
autobus
gong jiao che
kamion
ka che
motoskaf
qi ting
biçikletë
zi xing che
makinë
qi che

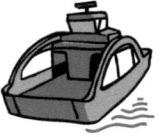

traget
bai du chuan

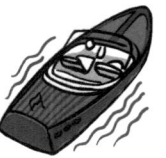

varkë
xiao chuan

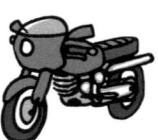

motoçikletë
mo tuo che

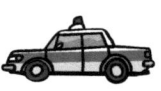

makinë policie
jing che

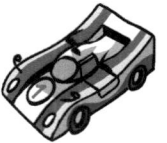

makinë garash
sai che

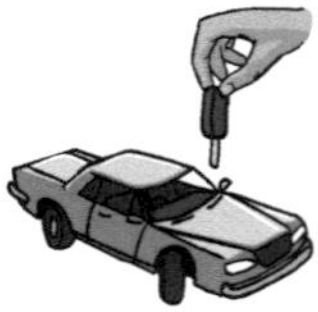

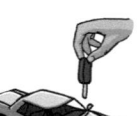

makinë me qira
zu che

ndarje e qirasë së makinës

pin che

karroatrec

tuo che

makinë plehrash

la ji che

motor

fa dong ji

benzinë

qi you

pikë karburanti

jia you zhan

sinjalistikë trafiku

jiao tong biao zhi

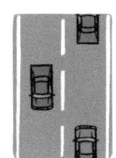

trafik

jiao tong

bllokim trafiku

jiao tong du sai

parkim makinash

ting che chang

stacion treni

huo che zhan

trase

gui dao

tren

huo che

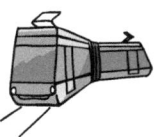

tramvaj

dian che

karro

huo che

helikopter

zhi sheng ji

aeroport

ji chang

kullë

ta

pasagjer

cheng ke

kontenier

ji zhuang xiang

kuti kartoni

zhi ban xiang

qerre

shou tui che

shportë

lan zi

ngrihem / ulem

qi fei/jiang luo

qytet

cheng shi

fshat

cun zhuang

qendra e qytetit

shi zhong xin

shtëpi

fang zi

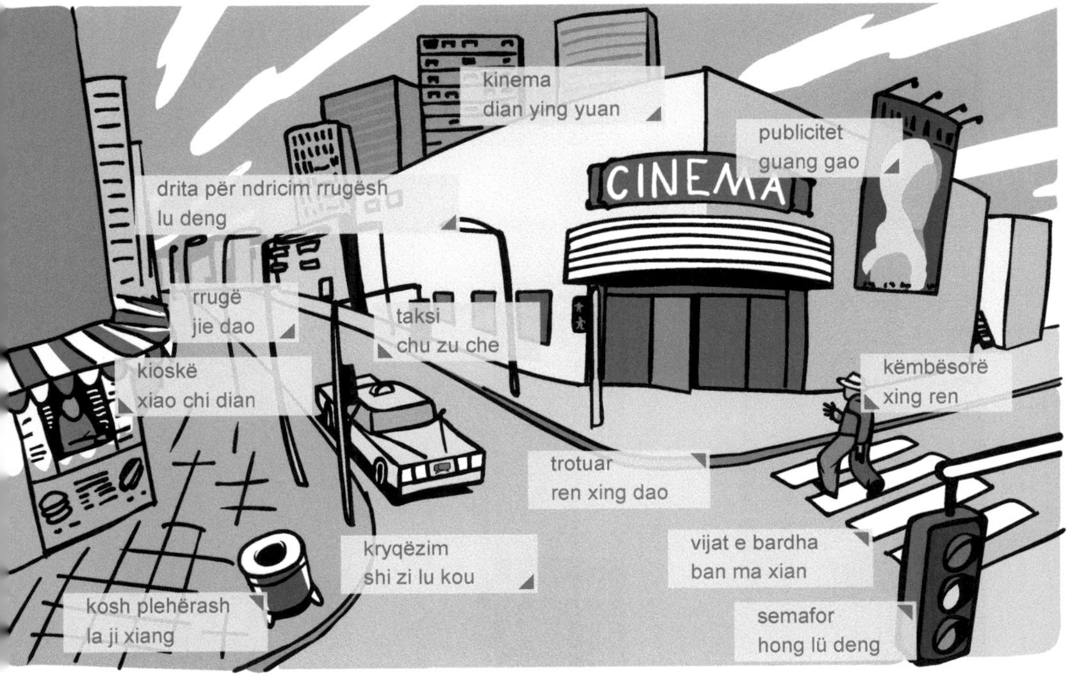
kinema
dian ying yuan
CINEMA
publicitet
guang gao
drita për ndricim rrugësh
lu deng
rrugë
jie dao
taksi
chu zu che
kioskë
xiao chi dian
këmbësorë
xing ren
trotuar
ren xing dao
kryqëzim
shi zi lu kou
vijat e bardha
ban ma xian
kosh plehërash
la ji xiang
semafor
hong lü deng

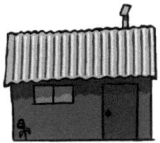

kasolle

xiao wu

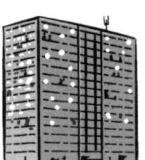

apartament

gong yu

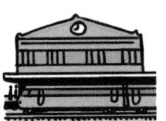

stacion treni

huo che zhan

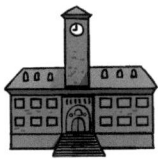

bashki

shi zheng ting

MUSEUM

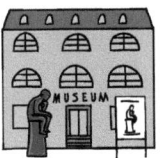

muze

bo wu guan

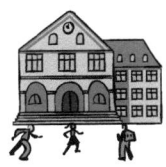

shkolla

xue xiao

universitet

da xue

bankë

yin hang

spital

yi yuan

hotel

jiu dian

farmaci

yao fang

zyrë

ban gong shi

librari

shu dian

dyqan

shang dian

dyqan lulesh

hua dian

supermarket

chao shi

market

shi chang

mapo

bai huo shang dian

dyqan peshku

yu dian

qëndër tregtare

gou wu zhong xin

port

hai gang

park
chang deng

stol
chang deng

urë
qiao

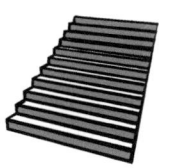

shkallë
lou ti

metro
di tie

tunel
sui dao

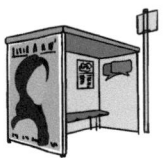

stacion autobuzi
gong jiao che zhan

bar
jiu ba

restorant
can guan

kuti postare
you tong

sinjalistikë rrugore
lu biao

kohëmatës parkimi
ting che ji shi qi

kopsht zoologjik
dong wu yuan

pishinë
you yong guan

xhami
qing zhen si

fermë

nong chang

ndotje

wu ran

varrezë

mu di

kishë

jiao tang

shesh lojërash

cao chang

tempull

si miao

peisazh
di xing

gjethe
shu ye

tabela orientuese
zhi shi pai

rrugë
lu

livadh
cao di

gurë
shi tou

ekskursionist
tu bu lü xing zhe

pemë
shu

lumë
he

bar
cao

lule
hua

luginë

xia gu

kodër

shan

liqen

hu

pyll

sen lin

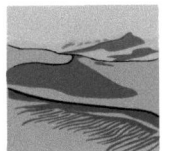

shkretëtirë

sha mo

vullkan

huo shan

kështjellë

cheng bao

ylber

cai hong

kepudhë

mo gu

palmë

zong lü shu

mushkonjë

wen zi

mizë

cang ying

milingonë

ma yi

bletë

mi feng

merimangë

zhi zhu

brumbull

jia chong

bretkosë

qing wa

ketër

song shu

iriq

ci wei

lepur

ye tu

buf

mao tou ying

zog

niao

mjellmë

tian e

derr i egër

ye zhu

dre

lu

dre brilopatë

mi lu

digë

shui ba

turbinë ere

feng li fa dian ji

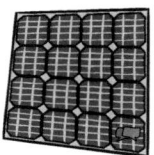

panel diellor

tai yang neng dian chi ban

klimë

qi hou

restorant

can guan

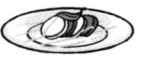

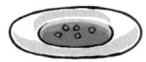

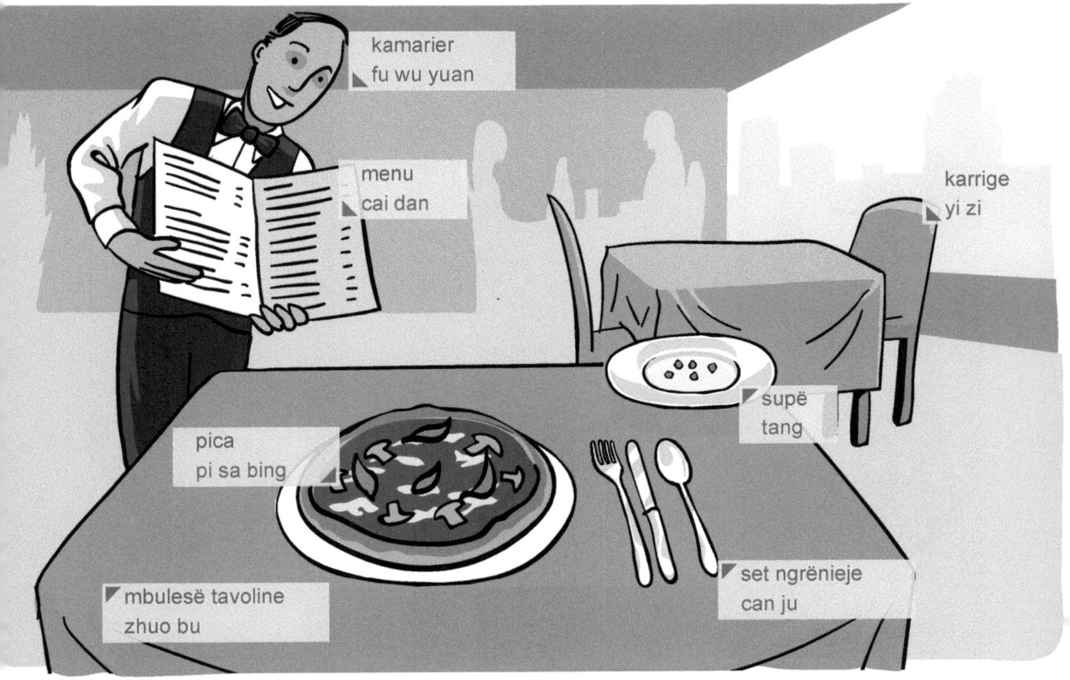
kamarier
fu wu yuan
menu
cai dan
karrige
yi zi
supë
tang
pica
pi sa bing
mbulesë tavoline
zhuo bu
set ngrënieje
can ju

pjatë e parë

qian cai

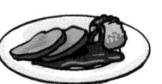

pjatë kryesore

zhu cai

ëmbëlsirë

tian dian

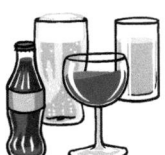

pije

yin liao

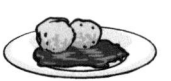

ushqim

shi wu

shishe

ping zi

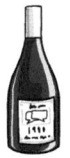

ushqim i shpejtë

kuai can

ushqim i shërbyer në rrugë

jie bian xiao chi

ibrik çaji

cha hu

kuti sheqeri

tang he

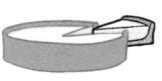

racion

yi fen fan cai

makinë kafeje ekspres

yi shi ka fei ji

karrige e lartë

gao jiao yi

faturë

zhang dan

tabaka

tuo pan

thika

dao

pirun

can cha

lugë

shao zi

lugë çaji

cha chi

pecetë

can jin

gotë

bo li bei

pjatë

die zi

pjatë supe

tang pan

pjatë filxhani

die zi

salcë

jiang

mbajtëse kripe

yan ping

mulli piperi

hu jiao mo

uthull

cu

vaj

shi yong you

erëza

tiao wei liao

keçap

fan qie jiang

mustardë

jie mo

majonezë

dan huang jiang

supermarket

chao shi

ofertë speciale
te jia
FOR
klient
gu ke
produkte bulmeti
ru zhi pin
frut
shui guo
karrocë pazari
gou wu che

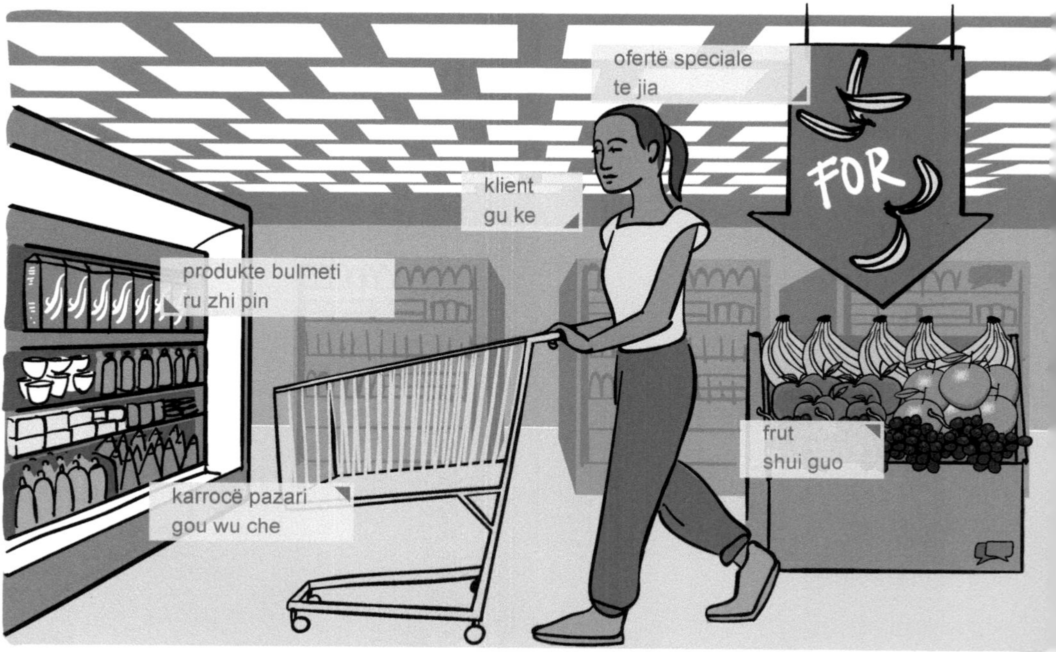

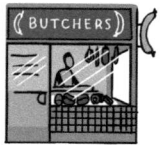

BUTCHERS

dyqan mishi

rou pu

BAKERY

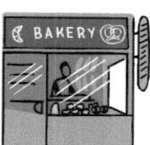

furrë buke

mian bao fang

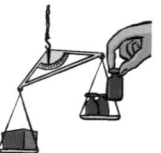

peshoj

cheng zhong

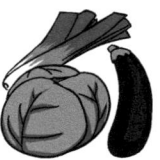

perime

shu cai

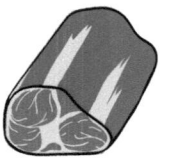

mish

rou

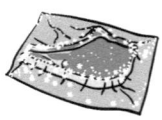

ushqim i ngrirë

leng dong shi pin

copë

leng pan

ushqim i konservuar

guan tou shi pin

pluhur larës

xi yi fen

ëmbëlsirat

tian shi

prodhime shtëpie

ri yong pin

produkte pastrimi

qing jie yong pin

shitëse

xiao shou yuan

kasë fiskale

shou yin ji

arkëtar

shou yin yuan

listë blerjeje

gou wu qing dan

oraret e punës

kai fang shi jian

portofol

qian bao

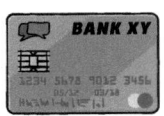

kartë krediti

xin yong ka

çantë

dai zi

qese plastike

su liao dai

ujë
shui

lëng frutash
guo zhi

qumësht
niu nai

koka-kola
ke le

verë
hong jiu

birrë
pi jiu

alkool
jiu

kakao
ke ke

çaj
cha

kafe
ka fei

kafe ekspres
yi shi nong suo ka fei

kapuçino
ka bu qi nuo

banane

xiang jiao

mollë

ping guo

portokalle

cheng zi

pjepër

xi gua

limon

ning meng

karrotë

hu luo bo

hudhër

da suan

bambu

zhu zi

qepë

yang cong

kërpudha

mo gu

arra

jian guo

makarona

mian tiao

spageti

yi da li mian tiao

oriz

mi fan

sallatë

sha la

patate të skuqura

shu tiao

patate të skuqura

zha tu dou

pica

pi sa bing

hamburger

han bao bao

sanduiç

san ming zhi

shnicel

zha zhu pai

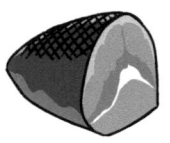

proshutë

huo tui

sallam

sa la mi

salçiçe

xiang chang

pulë

ji rou

skuq

kao rou

peshk

yu

tërshërë
....
yan mai pian

drithëra
....
mu zi li

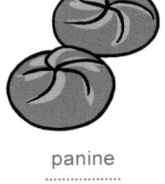

kornfleiks
....
yu mi pian

miell
....
mian fen

kruasant
....
yang jiao mian bao

panine
....
mian bao juan

bukë
....
mian bao

tost
....
kao mian bao

biskotë
....
bing gan

gjalp
....
huang you

gjizë
....
ning ru

tortë
....
dan gao

vezë
....
dan

vezë sy
....
jian dan

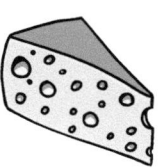

djathë
....
nai lao

akullore

bing ji lin

sheqer

tang

mjaltë

feng mi

marmaladë

guo jiang

çokokrem

qiao ke li jiang

këri

ga li fan

fermë
nong chang

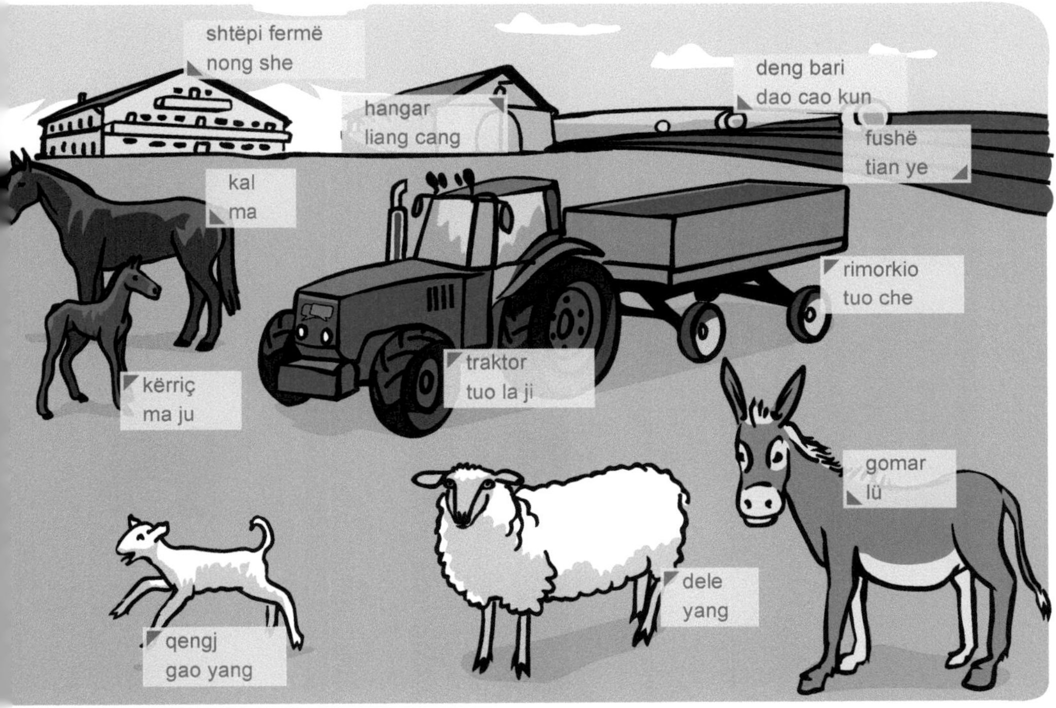
shtëpi fermë
nong she
hangar
liang cang
deng bari
dao cao kun
fushë
tian ye
kal
ma
rimorkio
tuo che
traktor
tuo la ji
kërriç
ma ju
gomar
lü
dele
yang
qengj
gao yang

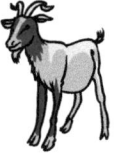

dhi

shan yang

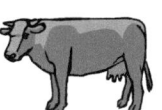

lopë

nai niu

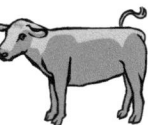

viç

niu du

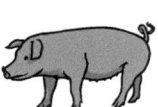

derr

zhu

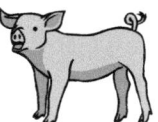

derrkuc

xiao zhu

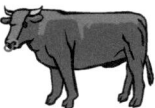

dem

gong niu

patë
e

rosë
ya

zog pule
xiao ji

pulë
mu ji

gjel
gong ji

mi
shu

mace
mao

mi
lao shu

buall
niu

qen
gou

kolibe qeni
gou wu

zorrë vaditëse
hua yuan jiao shui ruan guan

vaditëse
sa shui hu

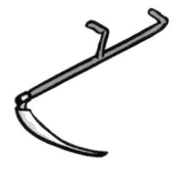

kosë
chang bing da lian dao

plug
li

drapër

lian dao

shat

chu tou

kosa

chang bing cao pa

sëpatë

fu tou

karrocë

du lun shou tui che

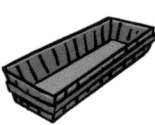

govatë

si liao cao

bidon qumështi

niu nai guan

thes

ma bu dai

gardh

zha lan

ahur

ma jiu

serë

wen shi

dhe

tu rang

farë

zhong zi

pleh

fei liao

autokombanjë

lian he shou ge ji

fermë - nong chang

29

korr

shou ge

te korrat

shou ge

patate e ëmbël "Yam"

shan yao

grurë

xiao mai

soja

da dou

patate

tu dou

misër

yu mi

raps

you cai zi

pemë frutore

guo shu

zhardhok manioku

shu shu

drithëra

gu wu

shtëpi
fang zi

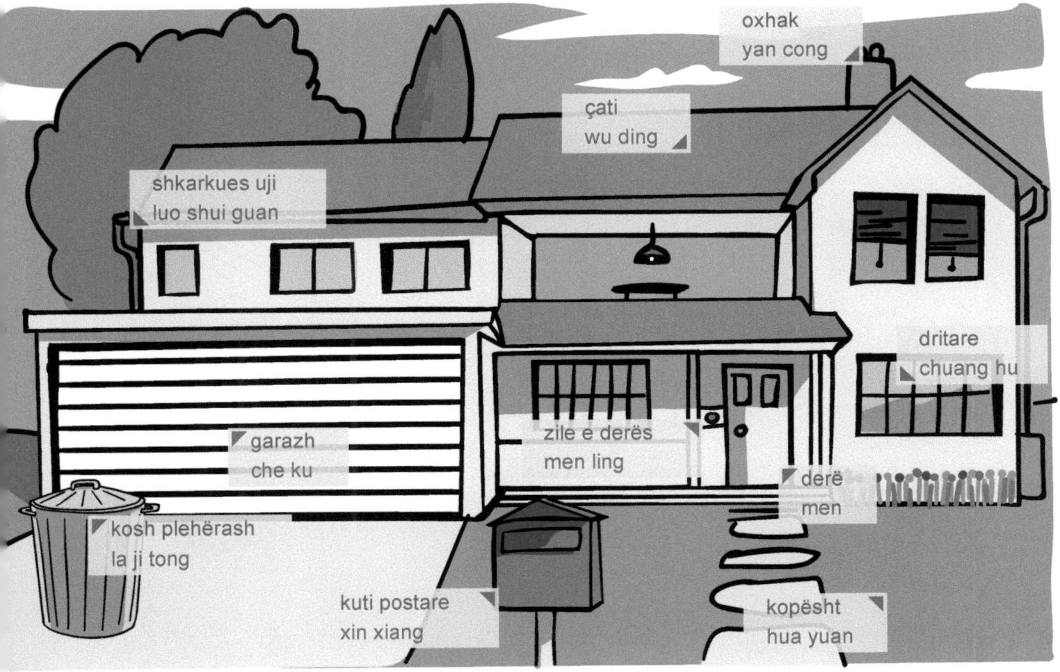

oxhak
yan cong
çati
wu ding
shkarkues uji
luo shui guan
dritare
chuang hu
garazh
che ku
zile e derës
men ling
derë
men
kosh plehërash
la ji tong
kuti postare
xin xiang
kopësht
hua yuan

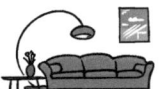

dhomë ndenjeje

ke ting

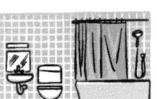

tualet

yu shi

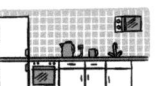

kuzhinë

chu fang

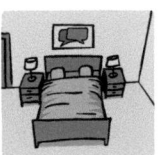

dhomë gjumi

wo shi

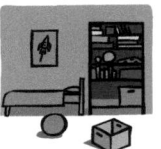

dhomë fëmijësh

er tong fang

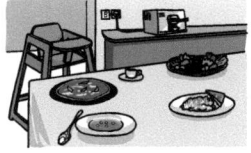

dhomë ngrënieje

can ting

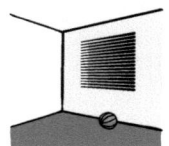

dysheme

di ban

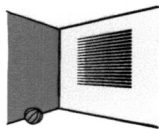

mur

qiang bi

tavan

diao ding

bodrum

di jiao

sauna

sang na

ballkon

yang tai

tarracë

lu tai

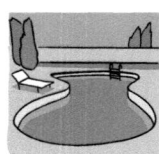

pishinë

you yong chi

kositëse bari

ge cao ji

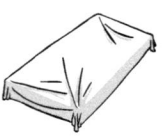

çarçaf

bei dan

kuvertë

chuang zhao

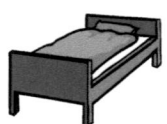

krevat

chuang

fshesë dore

sao zhou

kovë

shui tong

çelës

kai guan

dhomë ndenjeje
ke ting

tapiceri
bi zhi
fotografi
zhao pian
llambë
tai deng
raft
ge jia
dollap
chu gui
pajisje televizive
dian shi ji
vatër
bi lu
lule
hua
jastëk
dian zi
divan
sha fa
vazo
hua ping
telekomandë
yao kong qi

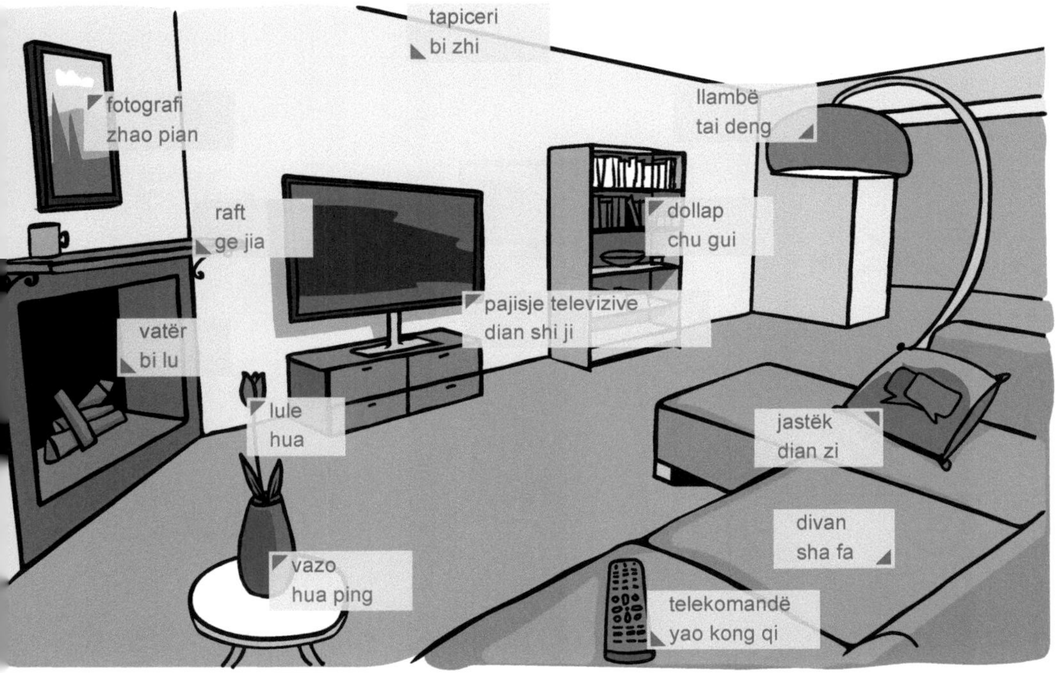

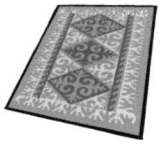

qilim

di tan

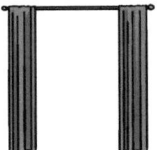

perde

chuang lian

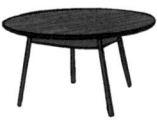

tavolinë

can zhuo

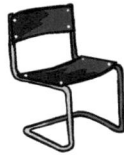

karrige

yi zi

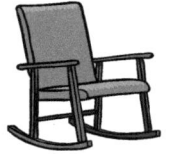

karrige lëkundëse

yao yi

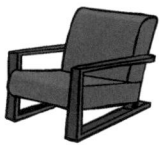

kolltuk

fu shou yi

libri
shu

batanije
tan zi

zbukurime
zhuang shi pin

dru zjarri
mu chai

film
dian ying

stereo
gao bao zhen yin xiang

çelës
yao shi

gazetë
bao zhi

pikturë
you hua

afishe
hai bao

radio
shou yin ji

bllok shënimesh
bi ji ben

fshesë me korent
xi chen qi

kaktus
xian ren zhang

qiri
la zhu

kuzhinë
chu fang

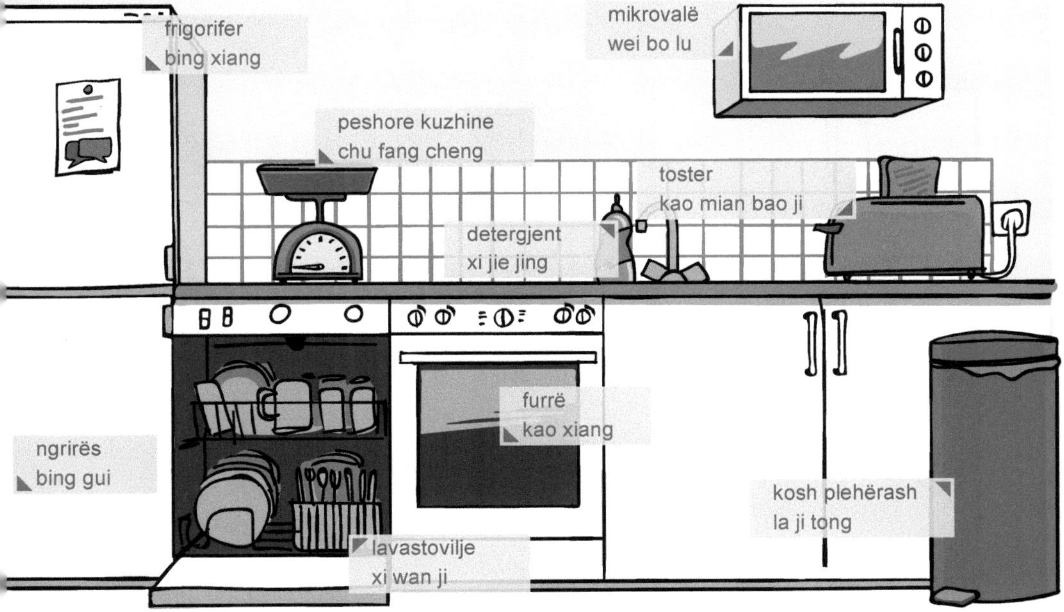
frigorifer
bing xiang
mikrovalë
wei bo lu
peshore kuzhine
chu fang cheng
toster
kao mian bao ji
detergjent
xi jie jing
furrë
kao xiang
ngrirës
bing gui
kosh plehërash
la ji tong
lavastovilje
xi wan ji

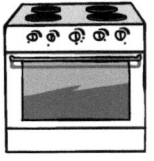

sobë
chui ju

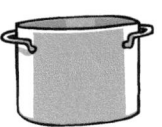

tenxhere
guo

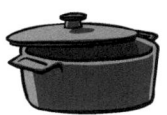

tenxhere me kapak
zhu tie guo

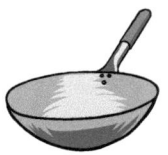

tigan special (Wok)
sha guo

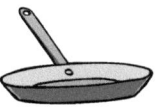

tigan
ping di guo

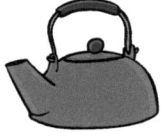

çajnik
shui hu

tenxhere me avull

zheng guo

tavë pjekjeje

kao pan

enë

tao ci guo

filxhan

ma ke bei

tas

wan

shkopinj

kuai zi

garuzhde

chang bing shao

spatul

chan zi

tel kuzhine

jiao ban qi

kulluese

lü wang

sitë

shai zi

rende

mo sui ji

havan

yan bo

skarë

shao kao

zjarr

ming huo

dërrasë për prerje

cai ban

okllai

gan mian zhang

heqëse tapash

kai ping qi

kanaçe

guan zi

hapëse kanaçeje

kai ping qi

rrobë për të kapur
tenxheren
ge re shou tao

lavaman

shui cao

furçë

shua zi

sfungjer

hai mian

përzjerës

jiao ban ji

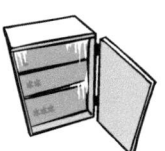

ngrirës

leng cang xiang

biberon për lëngje

nai ping

rubinet

shui long tou

tualet

yu shi

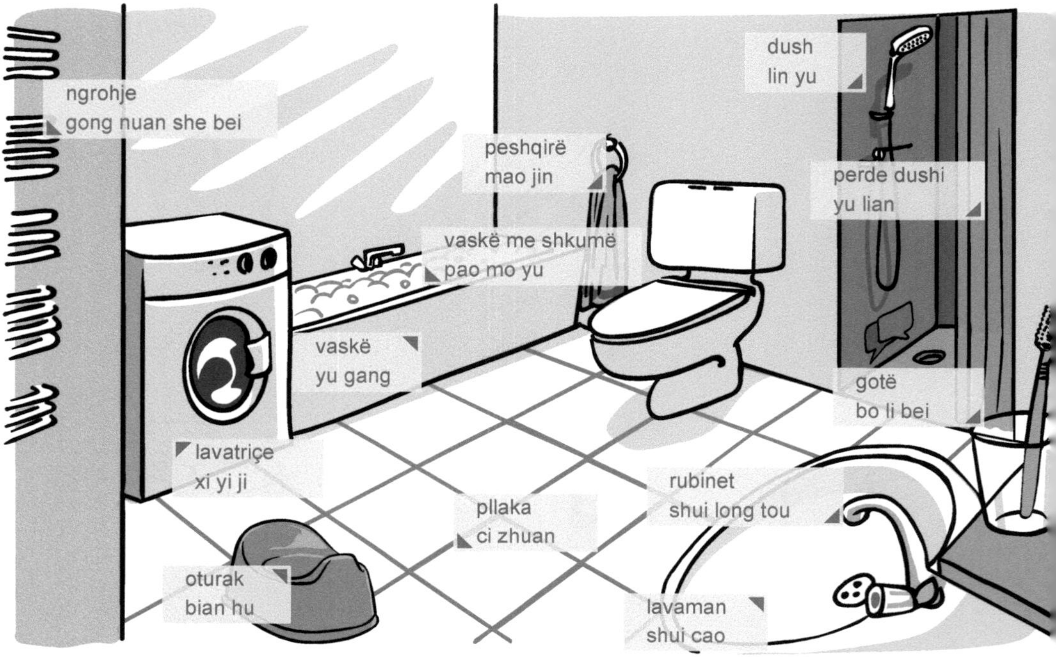
ngrohje
gong nuan she bei
peshqirë
mao jin
dush
lin yu
perde dushi
yu lian
vaskë me shkumë
pao mo yu
vaskë
yu gang
gotë
bo li bei
lavatriçe
xi yi ji
rubinet
shui long tou
pllaka
ci zhuan
oturak
bian hu
lavaman
shui cao

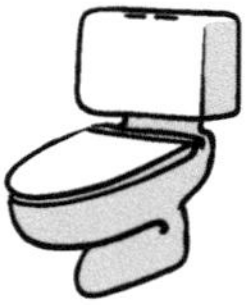

tualet
ce suo

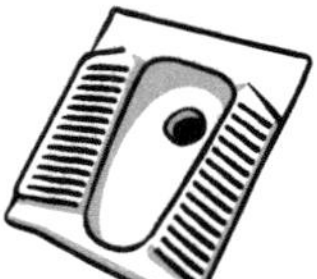

WC e sheshtë
dun bian qi

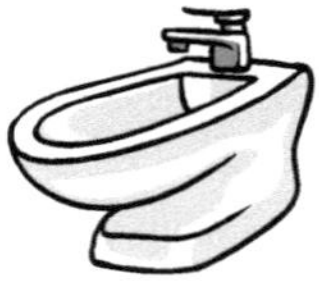

bide
zuo yu qi

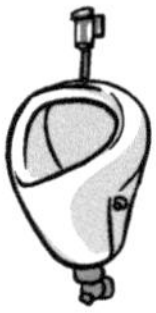

tualet publik
xiao bian chi

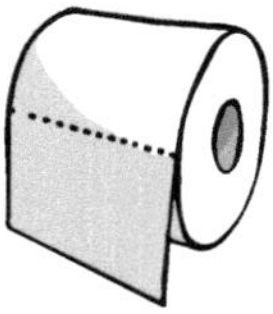

letër higjienike
ce zhi

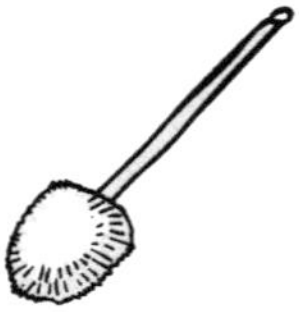

furçe për WC
ma tong shua

furçë dhëmbësh

ya shua

pastë dhëmbësh

ya gao

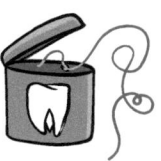

fije dentare

ya xian

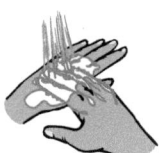

laj

xi

dorezë dushi

shou chi shi pen lin tou

larës për zonën intime

chong xi qi

legen

xi lian pen

furçë për masazh shpine

ca bei shua

sapun

fei zao

shampo trupi

mu yu lu

shampo

xi fa shui

leckë pastruese

fa lan rong

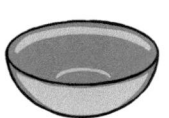

kullues

pai shui

krem

ru shuang

antidjersë

chu chou ji

pasqyrë

jing zi

pasqyrë dore

shou jing

brisk rroje

ti xu dao

shkumë rroje

ti xu pao mo

locion pas rrojes

xu hou shui

krehër

shu zi

furçë

shua zi

tharëse flokësh

chui feng ji

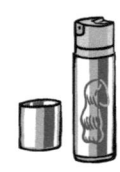

llak për flokët

pen fa ding xing ji

grim

hua zhuang pin

buzëkuq

chun gao

manikyr

zhi jia you

mbushje pambuku

hua zhuang mian

gërshërë për thonj

zhi jia jian

parfum

xiang shui

tualet - yu shi

çantë për sendet personale

xi shu bao

Stol

deng zi

peshore

ji zhong cheng

robëdëshambër

yu pao

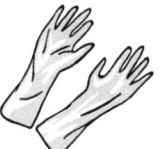

dorashka gome

xiang jiao shou tao

tampon

wei sheng mian tiao

peceta higjienike

wei sheng jin

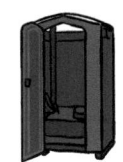

tualet I lëvizshëm

hua xue ce suo

dhomë fëmijësh

er tong fang

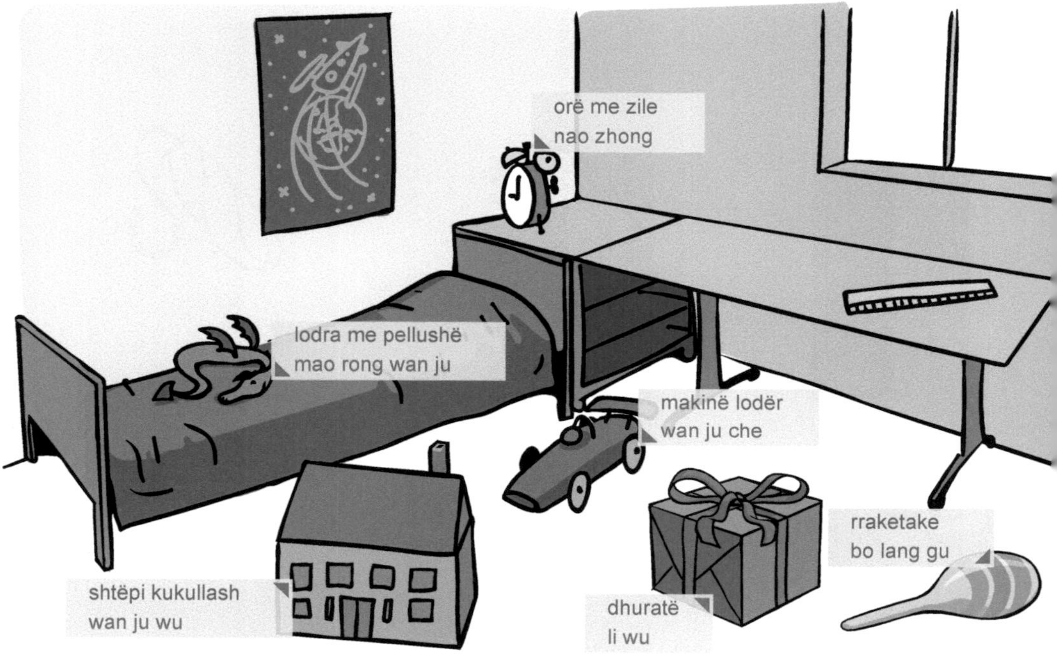

orë me zile
nao zhong
lodra me pellushë
mao rong wan ju
makinë lodër
wan ju che
rraketake
bo lang gu
shtëpi kukullash
wan ju wu
dhuratë
li wu

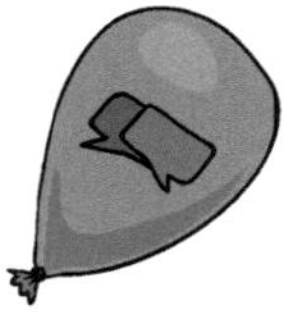

tollumbace

qi qiu

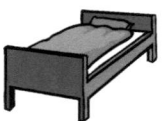

krevat

chuang

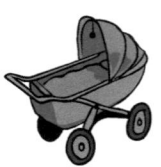

karrocë fëmijësh

(yang wa wa yong)ying er che

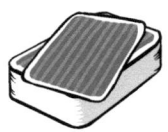

lojë me letra

pu ke pai

bashkim pjesësh me figura

pin tu

SUPER
MEGA

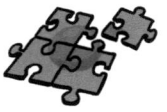

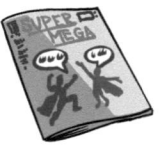

komik

man hua

formuese lodër

le gao ji mu

kuba plastikë

ji mu wan ju

lodra

wan ju ren

badi

ying er fu

frizbi

fei pan

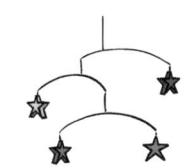

lodra të varura tek krevati i fëmijëve

chuang ling wan ju

tavolinë lojërash

qi pan you xi

zare

shai zi

model treni

huo che mo xing

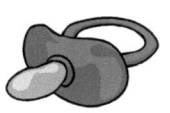

biberon

an fu nai zui

festë

ju hui

libër me ilustrime

hui ben

top

qiu

kukull

yang wa wa

luaj

wan

grumbull rëre

sha keng

kolovarëse

qiu qian

lodra

wan ju

leva për lojra video

you xi ji

triçikël

san lun che

arush prej pellushi

tai di xiong

garderobë

yi chu

veshje
yi fu

çorape

wa zi

çorape të gjata

chang wa

geta

jin shen ku

shall
wei jin

çadër
yu san

rrip
pi dai

bluzë pa jakë
T xu

çizme
xue zi

pantofla
tuo xie

atlete
yun dong xie

sandale
....
liang xie

këpucë
....
xie

çizme llastiku
....
yu xue

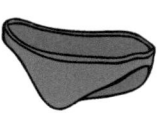

të mbathura
....
nei ku

reçipeta
....
xiong zhao

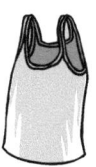

kanotierë
....
bei xin

trup

shen ti

pantallona

ku zi

xhinse

niu zai ku

fund

duan qun

bluzë

nü shi chen shan

këmishë

chen shan

pulovër

tao tou shan

triko

wei yi

xhaketë

xi zhuang jia ke

xhaketë

jia ke

pallto

wai tao

mushama shiu

yu yi

kostum

tao zhuang

fustan

lian yi qun

fustan nusërie

hun sha

kostum

xi zhuang

këmishë nate

shui pao

pizhama

shui yi

sari (veshje tradicionale indiane)

sha li

shami koke

tou jin

çallmë

bao tou jin

veshje për femrat e besimit musliman

bo ka

kaftan (lloj veshjeje tradicionale)

ka fu tan

ferexhe

(a la bo shi)chang pao

kostum banje

yong yi

rroba banje

nan shi yong ku

pantallona të shkurtra

duan ku

tuta sporti

yun dong fu

përparëse

wei qun

dorashka

shou tao

veshje - yi fu

47

kopsë
niu kou

syze
yan jing

byzylyk
shou lian

gjerdan
xiang lian

unazë
jie zhi

vath
er huan

kapuç
bian mao

varëse për pallto
yi jia

kapele
mao zi

kravatë
ling dai

zinxhir
la lian

helmetë
tou kui

tiranda
bei dai

uniformë shkolle
xiao fu

uniformë
zhi fu

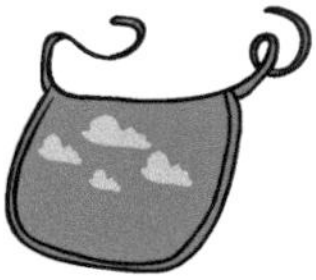

gushore

wei dou

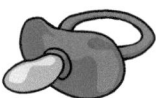

biberon

an fu nai zui

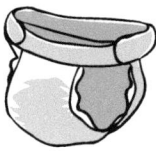

pelenë

niao bu shi

zyrë
ban gong shi

server
fu wu qi
skedar
wen jian gui
printer
da yin ji
letër
zhi
ekran
xian shi ping
maus
shu biao
tavolinë
ban gong zhuo
dosje
wen jian jia
tastierë
jian pan
kosh letrash
fei zhi kuang
kompjuter
dian nao
karrige
yi zi

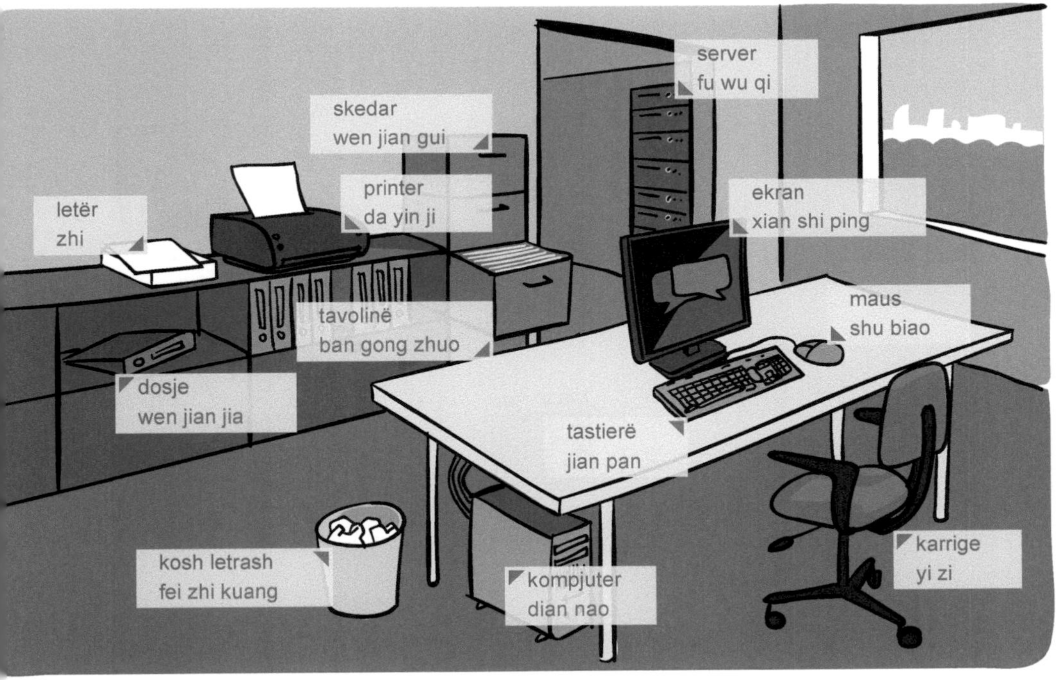

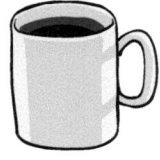

filxhan kafeje

ka fei bei

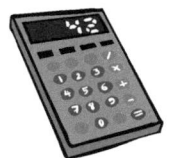

makinë llogaritëse

ji suan qi

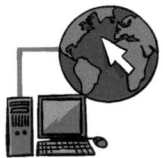

internet

yin te wang

kompjuter portativ

bi ji ben dian nao

letër

xin jian

mesazh

xiao xi

telefon

shou ji

rrjet

wang luo

fotokopje

fu yin ji

program

ruan jian

telefon

dian hua

prizë

cha zuo

pajisje faksi

chuan zhen ji

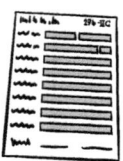

formular

biao ge

dokument

wen jian

blej

mai

paguaj

fu qian

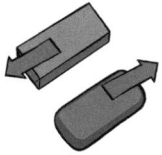

tregtoj

jiao yi

para

xian jin

dollar

mei yuan

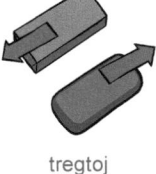

euro

ou yuan

jen

ri yuan

rubla

lu bu

franga zvicerane

rui shi fa lang

juani kinez

ren min bi

rupje

lu bi

bankomat

ti kuan chu

pikë këmbimi valutor

wai bi dui huan chu

ar

jin

argjend

yin

nafta

shi you

energji

neng yuan

çmim

jia ge

kontratë

he tong

taksë

shui jin

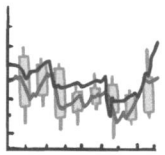

aksione

gu piao

punoj

gong zuo

punonjës

zhi yuan

punëdhënës

lao ban

fabrikë

gong chang

dyqan

shang dian

profesionet
zhi ye

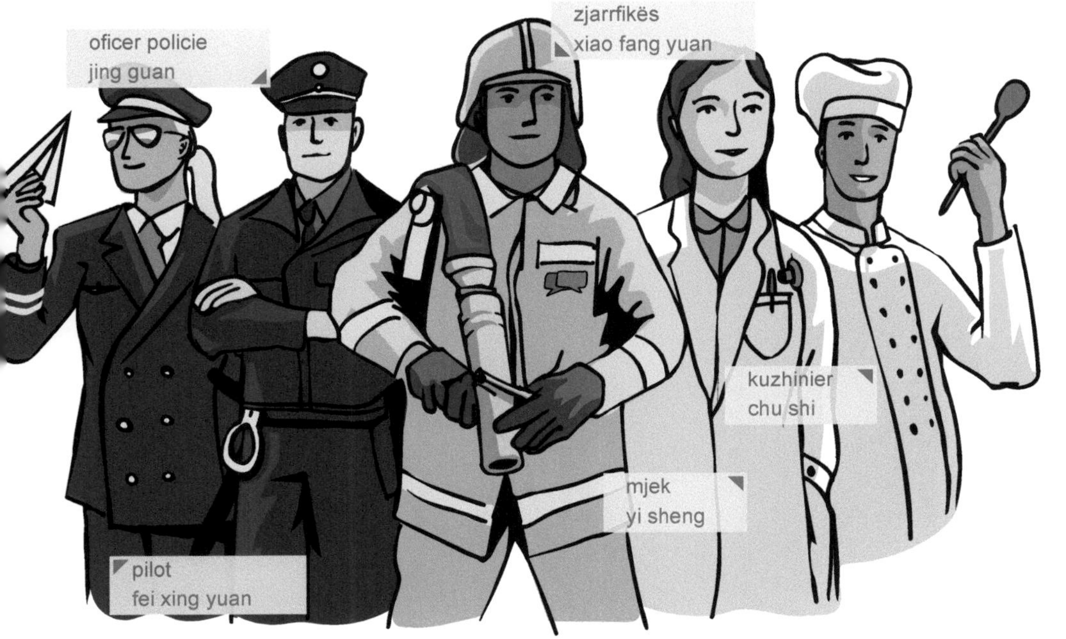

oficer policie
jing guan
zjarrfikës
xiao fang yuan
kuzhinier
chu shi
mjek
yi sheng
pilot
fei xing yuan

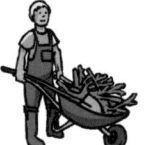

kopshtar

yuan ding

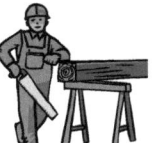

marangoz

mu jiang

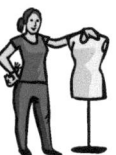

rrobaqepëse

cai feng

gjykatës

fa guan

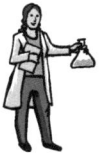

kimist

hua xue jia

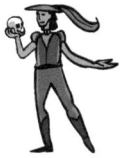

aktor

yan yuan

shofer autobuzi

gong jiao che si ji

taksist

chu zu che si ji

peshkatar

yu fu

pastruese

qing jie nü gong

riparues çatish

wu ding gong

kamarier

fu wu yuan

gjuetar

lie ren

piktor

hua jia

furrxhi

mian bao shi

elektriçist

dian gong

ndërtues

jian zhu gong ren

inxhinier

gong cheng shi

kasap

tu fu

hidraulik

shui guan gong

postieri

you di yuan

ushtar

shi bing

arkitekt

jian zhu shi

arkëtar

shou yin yuan

luleshitës

hua nong

berber

li fa shi

kontrollor

shou piao yuan

mekanik

ji xie shi

kapiten

chuan zhang

dentist

ya yi

shkencëtar

ke xue jia

rabin

la bi

imam

yi ma mu

murg

he shang

klerik

mu shi

mjete

gong ju

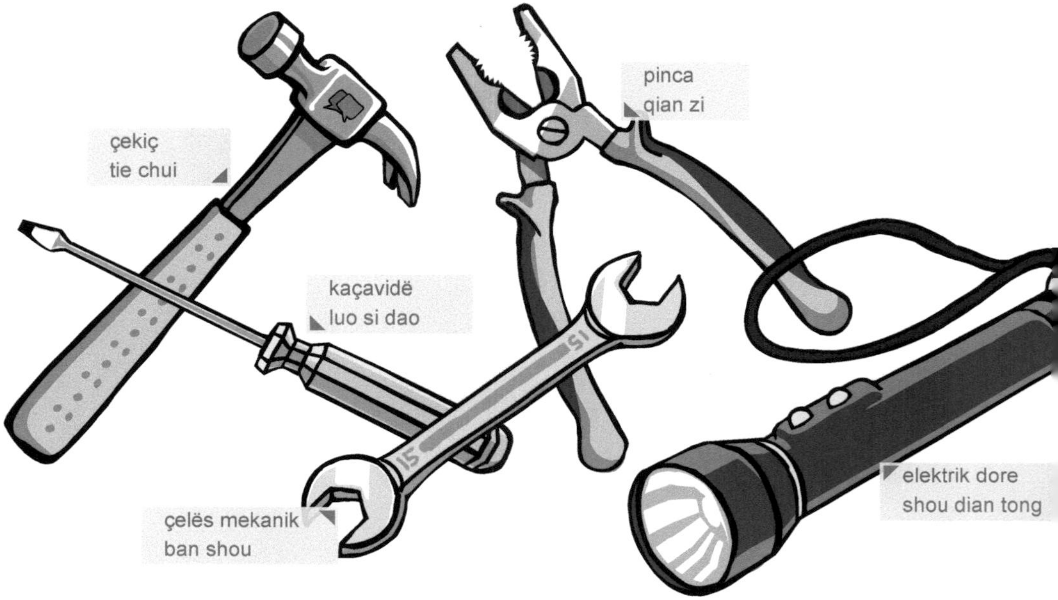

pinca
qian zi
çekiç
tie chui
kaçavidë
luo si dao
elektrik dore
shou dian tong
çelës mekanik
ban shou

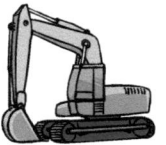

ekskavator

wa jue ji

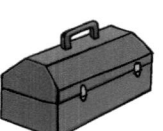

kuti veglash

gong ju xiang

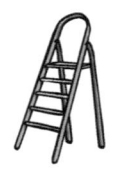

shkallë

ti zi

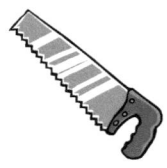

sharrë

ju zi

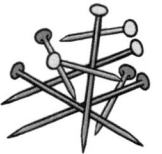

gozhdë

ding zi

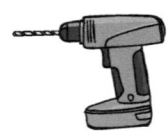

trapan

zuan ji

riparoj
....
xiu

lopatë
....
chan zi

Dreq!
....
kao!

kaci
....
bo ji

kuti boje
....
you qi tong

vidhë
....
luo si

instrumenta muzikorë
yue qi

bateri
da ji yue qi

altoparlant
yang sheng qi

kitare
ji ta

kontrabas
di yin ti qin

trompë
xiao hao

piano

gang qin

violinë

xiao ti qin

bas

bei si

tamburë

ding yin gu

daulle

gu

tastierë pianoje

dian zi qin

saksofon

sa ke si guan

flaut

chang di

mikrofon

mai ke feng

kopsht zoologjik
dong wu yuan

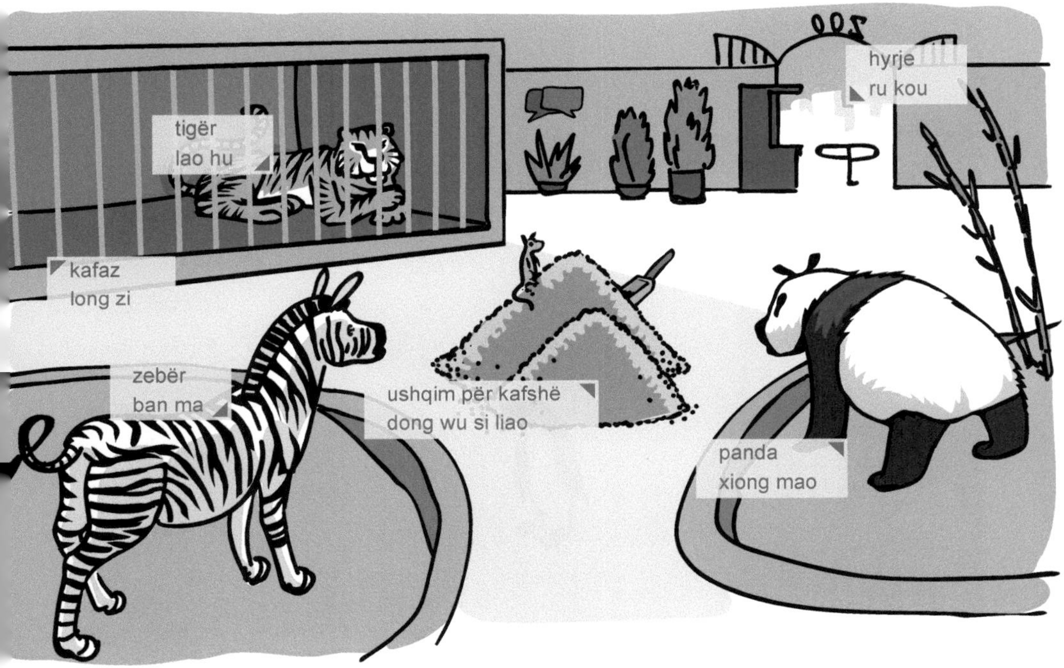

tigër
lao hu
hyrje
ru kou
kafaz
long zi
zebër
ban ma
ushqim për kafshë
dong wu si liao
panda
xiong mao

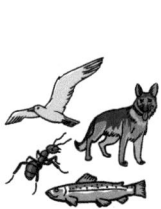

kafshë

dong wu

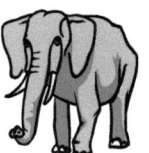

elefant

da xiang

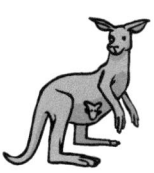

kangur

dai shu

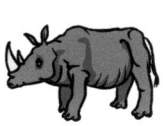

rinoceront

xi niu

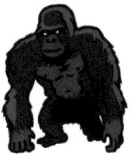

gorillë

da xing xing

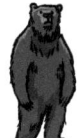

ari

xiong

deve

luo tuo

struc

tuo niao

luan

shi zi

majmun

hou zi

flamingo

huo lie niao

papagall

ying wu

ari polar

bei ji xiong

pinguin

qi e

peshkaqen

sha yu

pallua

kong que

gjarpër

she

krokodil

e yu

punonjës i kopshtit zoologjik

dong wu yuan guan li yuan

fokë

hai bao

xhaguar

mei zhou bao

poni

ai zhong ma

leopard

bao

hipopotam

he ma

gjirafë

chang jing lu

shqiponjë

lao ying

derr i egër

ye zhu

peshk

yu

breshkë

gui

lopë deti

hai xiang

dhelpër

hu li

gazelë

ling yang

futboll amerikan
gan lan qiu

çiklizëm
qi zi xing che

tenis
wang qiu

basketboll
lan qiu

not
you yong

boks
quan ji

hokej mbi akull
bing qiu

futboll
ying shi zu qiu

badminton
yu mao qiu

atletikë
tian jing

hendboll
shou qiu

ski
hua xue

polo
ma qiu

qesh
xiao

hidhem
tiao

përqafoj
yong bao

eci
zou lu

këndoj
chang

ëndërroj
zuo meng

lutem
qi dao

puth
qin wen

shkruaj	vizatoj	tregoj
shu xie	hua	zhan shi
shtyj	jap	marr
tui	gei	na

kam
you

bëj
zuo

jam
dang

qëndroj
zhan

vrapoj
pao

tërheq
la

hedh
reng

bie
shuai dao

shtrihem
tang

pres
deng dai

mbaj
xie dai

ulem
zuo

vishem
chuan yi

fle
shui jiao

zgjohem
xing lai

shikoj
kan

qaj
ku

përkëdhel
fu mo

kreh
shu tou

bisedoj
jiao tan

kuptoj
ming bai

kërkoj
wen

dëgjoj
ting

pi
he

ha
chi

sistemoj
qing li

dashuroj
ai

gatuaj
zuo fan

drejtoj makinën
kai che

fluturoj
fei

aktivitet - huo dong

lundroj

hang xing

llogaris

ji suan

lexoj

du

mësoj

xue xi

punoj

gong zuo

martohem

jie hun

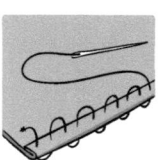

qep

feng

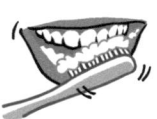

laj dhëmbët

shua ya

vras

sha

tymos

chou yan

dërgoj

ji

gjyshe
zu mu

gjysh
zu fu

baba
fu qin

nënë
mu qin

bebe
ying tong

vajzë
nü er

djalë
er zi

mysafir

ke ren

teze, hallë

a yi

dajë, xhaxha

shu shu

vëlla

xiong di

motër

jie mei

trupi

shen ti

balli
qian e
syri
yan jing
shpatulla
jian bang
gishti
shou zhi
fytyra
lian
mjekra
xia ba
dora
shou
kërnba
tui
kraherori
ru fang
krahu
shou bi

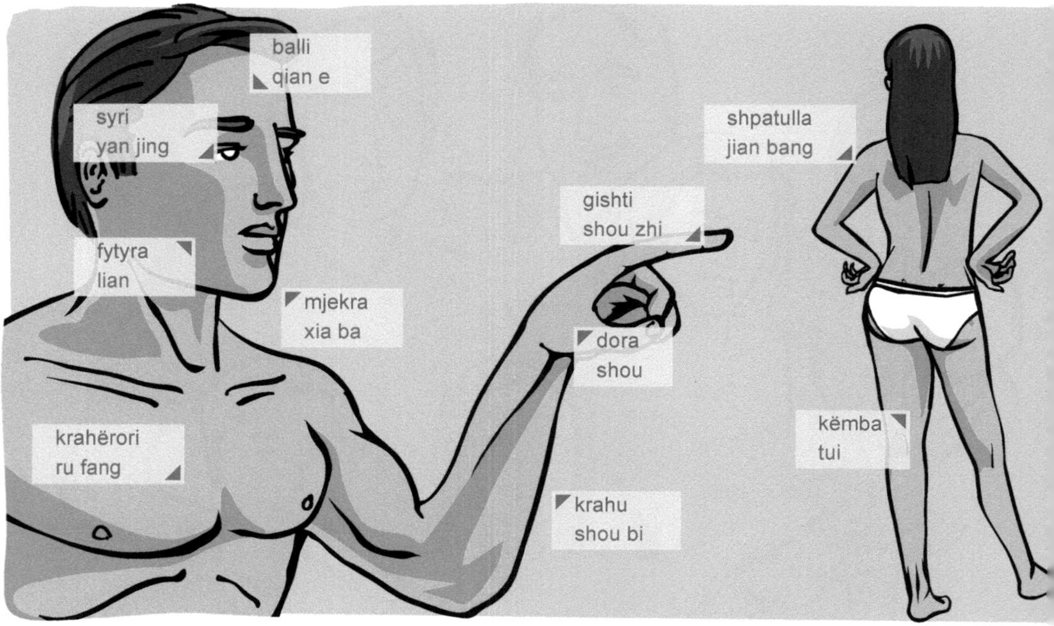

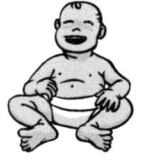

bebe

ying tong

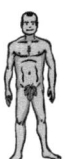

burrë

nan ren

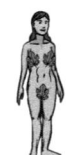

grua

nü ren

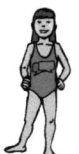

vajzë

nü hai

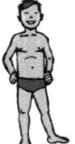

djalë

nan hai

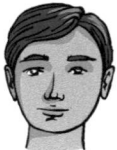

koka

tou

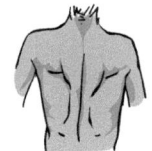

shpina

bei bu

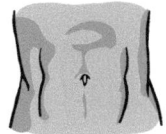

barku

du zi

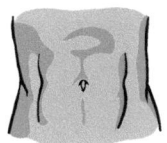

kërthiza

du qi

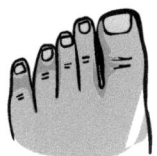

gisht këmbe

jiao zhi

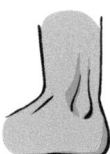

Thembra

jiao hou gen

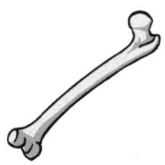

kockë

gu tou

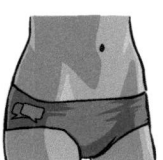

legeni

tun bu

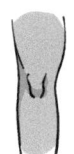

gjuri

xi gai

bërryli

shou zhou

hunda

bi zi

vithe

pi gu

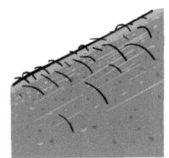

lëkura

pi fu

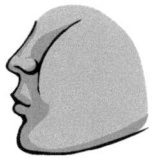

faqja

lian jia

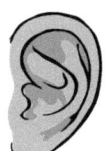

veshi

er duo

buza

zui chun

goja

zui

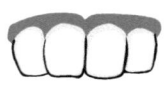

dhëmbët

ya chi

gjuha

she tou

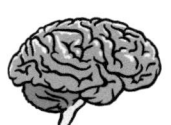

truri

nao

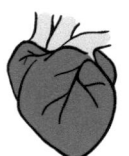

zemra

xin zang

muskul

ji rou

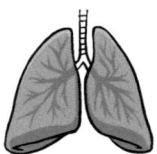

mushkëria

fei

mëlçia

gan zang

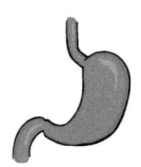

stomaku

wei

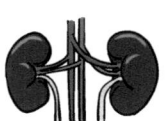

veshka

shen zang

seks

xing jiao

prezervativ

bi yun tao

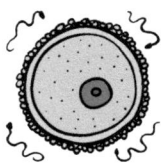

veza

luan zi

sperma

jing zi

shtatëzani

huai yun

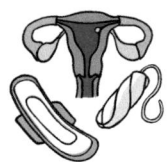

menstruacione
....
yue jing

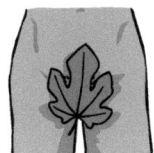

vagina
....
yin dao

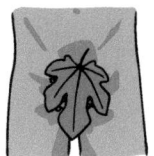

penis
....
yin jing

vetulla
....
mei mao

flokët
....
tou fa

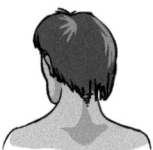

qafa
....
bo zi

spital

yi yuan

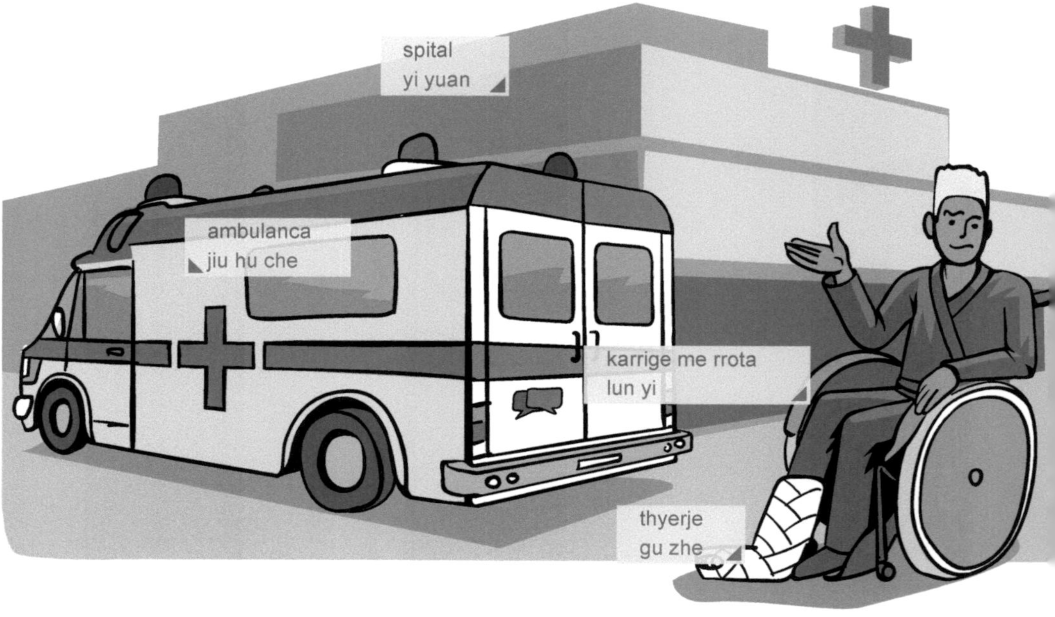

spital
yi yuan
ambulanca
jiu hu che
karrige me rrota
lun yi
thyerje
gu zhe

mjek

yi sheng

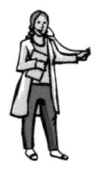

sallë urgjencash

ji zhen shi

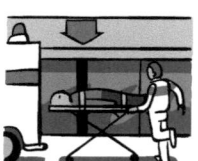

infermiere

hu shi

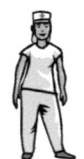

emergjencë

jin ji qing kuang

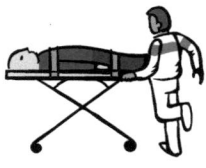

i pandërgjegjshëm

hun mi

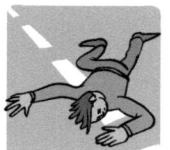

dhimbje

tong

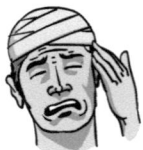

dëmtim

shou shang

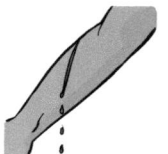

gjakosje

chu xue

infarkt

xin zang bing fa zuo

goditje

zhong feng

alergji

guo min

kolla

ke sou

ethe

fa shao

grip

liu gan

diarre

fu xie

dhimbje koke

tou tong

kancer

ai zheng

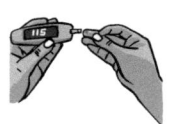

diabet

tang niao bing

kirurg

wai ke yi sheng

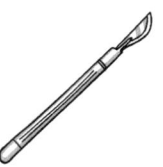

bisturi

shou shu dao

operacion

shou shu

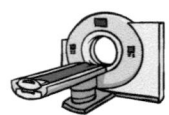

CT (skaner)
CT

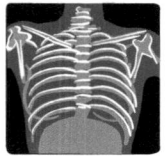

radiografi
X guang

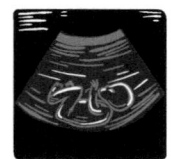

ultratingull
chao sheng bo

maskë fytyre
kou zhao

sëmundje
ji bing

dhomë pritjeje
hou zhen shi

paterica
guai zhang

leukoplast
shi gao

fasho
beng dai

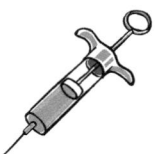

injeksion
zhu she

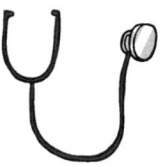

stetoskop
ting zhen qi

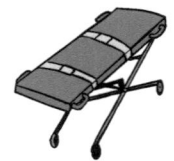

barelë
dan jia

termometër
ti wen ji

lindje
chu sheng

mbipeshë
chao zhong

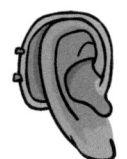

aparat dëgjimi

zhu ting qi

dezinfektant

xiao du ye

infeksion

gan ran

virus

bing du

HIV / AIDS

ai zi bing

mjekësi, mjekim

yao wu

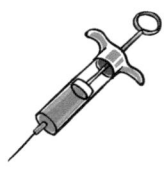

vaksinim

jie zhong yi miao

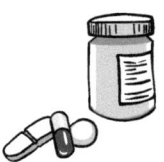

tableta

yao pian

pilulë

yao wan

telefonatë emergjence

ji jiu dian hua

aparat tensioni

xue ya ji

i sëmurë / i shëndetshëm

sheng bing/jian kang

Ndihmë!

jiu ming!

alarm

jing bao

sulm

tu ji

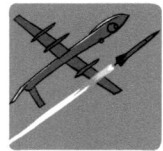

atak

gong ji

rrezik

wei xian

dalje emergjence

jin ji chu kou

Zjarr!

zhao huo la!

fikëse zjarri

mie huo qi

aksident

yi wai

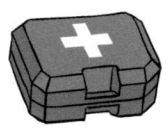

kuti e ndimës së shpejtë

ji jiu xiang

SOS

hu jiu xin hao

policia

jing cha

Europa

ou zhou

Amerika e Veriut

bei mei zhou

Amerika e Jugut

nan mei zhou

Afrika

fei zhou

Azia

ya zhou

Australia

ao zhou

Atlantiku

da xi yang

Paqësori

tai ping yang

Oqeani Indian

yin du yang

Oqeani Antarktik

nan bing yang

Oqeani Arktik

bei bing yang

Poli i veriut

bei ji

Poli i Jugut

nan ji

Antarktida

nan ji zhou

toka

di qiu

tokë

lu di

det

hai

ishull

dao

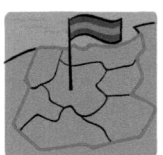

komb

guo jia

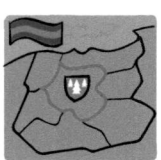

shtet

guo jia

fusha e orës

zhong mian

akrepi i orës

shi zhen

akrepi i minutave

fen zhen

akrepi i sekondave

miao zhen

Sa është ora?

xian zai ji dian?

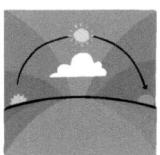

ditë

tian

kohë

shi jian

tani

xian zai

orë dixhitale

dian zi biao

minutë

fen

orë

shi

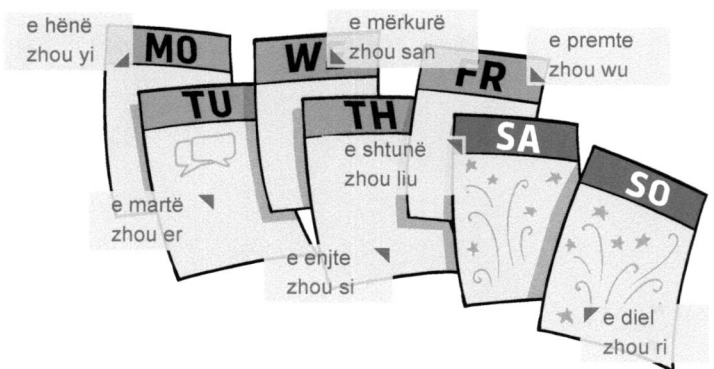

e hënë
zhou yi

e mërkurë
zhou san

e premte
zhou wu

e martë
zhou er

e shtunë
zhou liu

e enjte
zhou si

e diel
zhou ri

dje
....
zuo tian

sot
....
jin tian

nesër
....
ming tian

mëngjes
....
zao chen

mesditë
....
zhong wu

mbrëmje
....
wan shang

MO	TU	WE	TH	FR	SA	SU
1	2	3	4	5	6	7
8	9	10	11	12	13	14
15	16	17	18	19	20	21
22	23	24	25	26	27	28
29	30	31	1	2	3	4

ditë pune
....
gong zuo ri

MO	TU	WE	TH	FR	SA	SU
1	2	3	4	5	6	7
8	9	10	11	12	13	14
15	16	17	18	19	20	21
22	23	24	25	26	27	28
29	30	31	1	2	3	4

fundjavë
....
zhou mo

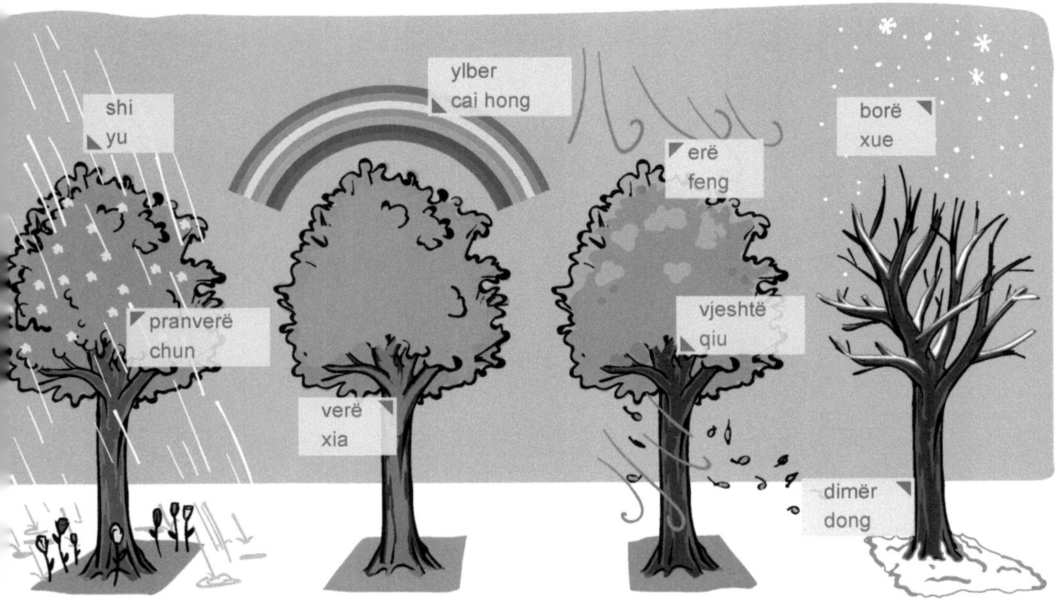

shi
yu
ylber
cai hong
erë
feng
borë
xue
pranverë
chun
verë
xia
vjeshtë
qiu
dimër
dong

4.APRIL 11°
5.APRIL 4°
6.APRIL 13°
7.APRIL 8°
8.APRIL 10°

parashikimi i motit

tian qi yu bao

F C
120 40
90 30
60 20
30 10
0 0
-30 -10
-20

termometër

wen du ji

ndriçim dielli

yang guang

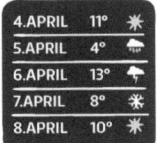

re

yun

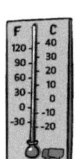

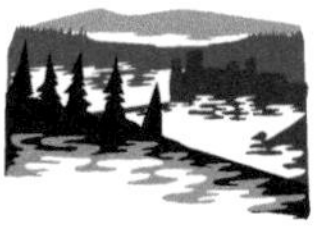

mjegull

wu

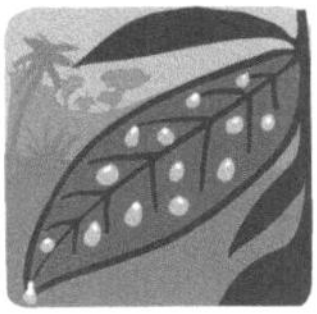

lagështi

chao shi

vetëtima

shan dian

gjëmim

da lei

stuhi

feng bao

breshër

bing bao

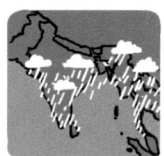

muson

ji feng

përmbytje

hong shui

akull

bing

janar

yi yue

shkurt

er yue

mars

san yue

prill

si yue

maj

wu yue

qershor

liu yue

korrik

qi yue

gusht

ba yue

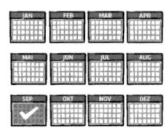

shtator
....
jiu yue

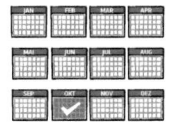

tetor
....
shi yue

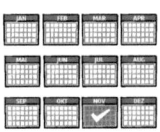

nëntor
....
shi yi yue

dhjetor
....
shi er yue

forma
xing zhuang

rreth
....
yuan xing

katror
....
zheng fang xing

drejtkëndësh
....
chang fang xing

trekëndësh
....
san jiao xing

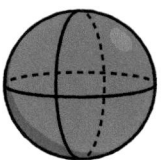

sferë
....
qiu ti

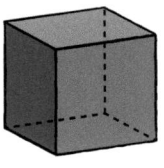

kub
....
li fang ti

e bardhë

bai

e verdhë

huang

portokalli

cheng

rozë

fen

e kuqe

hong

vjollcë

zi

blu

lan

e gjelbër

lü

kafe

zong

gri

hui

e zezë

hei

shumë / pak

hen duo/shao xu

i nevrikosur / i qetë

sheng qi/ping jing

i bukur / i shëmtuar

mei/chou

fillim / fund

shou/wei

i madh / i vogël

da/xiao

i ndritshëm / i errët

ming/an

vëlla / motër

xiong di/jie mei

e pastër / e pistë

gan jing/ang zang

e plotë / jo e plotë

wan zheng/que shi

ditë / natë

bai tian/wan shang

gjallë / vdekur

si/sheng

i gjerë / i ngushtë

kuan/zhai

i ngrënshëm / i pangrënshëm
ke shi yong/fei shi yong

i keq / i këndshëm
xie e/shan liang

i lumtur / i mërzitur
xing fen/wu liao

i shëndoshë / i dobët
pang/shou

e para / e fundit
di yi/zui hou

mik / armik
peng you/di ren

plot / bosh
man/kong

e fortë / e butë
ying/ruan

e rëndë / e lehtë
zhong/qing

uri / etje
e/ke

i sëmurë / i shëndetshëm
sheng bing/jian kang

e paligjshme / e ligjshme
fei fa/he fa

i zgjuar / budalla
cong ming/yu ben

majtas / djathtas
zuo/you

afër / larg
jin/yuan

e re / e përdorur
xin/jiu

asgjë / diçka
mei you/you xie

i moshuar / i ri
lao/you

ndezur / fikur
kai/guan

hapur / mbyllur
da kai/he shang

i qetë / i zhurmshëm
an jing/chao nao

i pasur / i varfër
fu/qiong

e drejtë / e gabuar
dui/cuo

i ashpër / i butë
cu cao/guang hua

i mërzitur / i lumtur
shang xin/gao xing

i shkurtër / i gjatë
duan/chang

ngadalë / shpejt
man/kuai

i lagësht / i thatë
shi/gan

ngrohtë / freskët
wen nuan/liang shuang

luftë / paqe
zhan zheng/he ping

0

zero

ling

1

një

yi

2

dy

er

3

tre

san

4

katër

si

5

pesë

wu

6

gjashtë

liu

7

shtatë

qi

8

tetë

ba

9

nentë

jiu

10

dhjetë

shi

11

njëmbëdhjetë

shi yi

12

dymbëdhjetë

shi er

13

trembëdhjetë

shi san

14

katërmbëdhjetë

shi si

15

pesëmbëdhjetë

shi wu

16

gjashtëmbëdhjetë

shi liu

17

shtatëmbëdhjetë

shi qi

18

tetëmbëdhjetë

shi ba

19

nentëmbëdhjetë

shi jiu

20

njëzetë

er shi

100

qind

bai

1.000

mijë

qian

1.000.000

milion

bai wan

anglisht

ying yu

anglishte amerikane

mei shi ying yu

kinezisht mandarin

pu tong hua

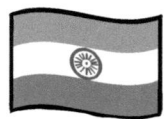

hindi

yin di yu

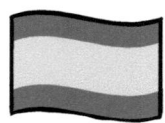

spanjisht

xi ban ya yu

frëngjisht

fa yu

arabisht

a la bo yu

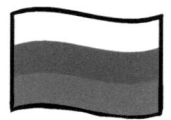

rusisht

e yu

portugalisht

pu tao ya yu

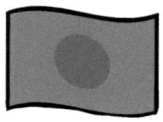

bengalisht

feng jia la yu

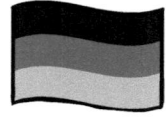

gjermanisht

de yu

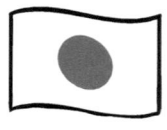

japonisht

ri yu

unë

wo

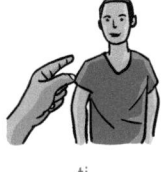

ti

ni

ai / ajo

ta/ta/ta

ne

wo men

ju

ni men

ata

ta men

kush?

shei?

çfarë?

shen me?

si?

zen yang?

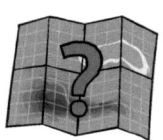

ku?

na li?

kur?

shen me shi hou?

emër

ming zi

fang wei

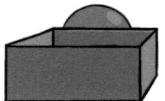

pas
....
hou mian

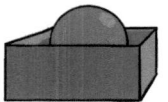

në
....
li mian

përballë
....
qian mian

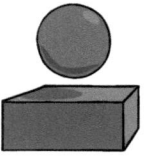

sipër
....
shang fang

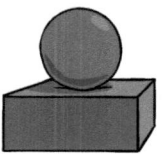

mbi
....
shang mian

poshtë
....
xia mian

pranë
....
pang bian

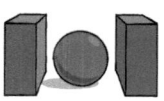

midis
....
zhong jian

vend
....
di dian